W9-CBM-187

2ND EDITION

Celebration SERIES

PIANO STUDIES ALBUM 9 & 10

ISBN 0-88797-445-7

FREDERICK
HARRIS
MUSIC

Official Examination Studies of The Royal Conservatory of Music - Grades 9 & 10
Études officielles des examens du Royal Conservatory of Music - Niveaux 9 & 10

This updated and improved *2nd edition* of the *Celebration Series* has been created in response to the great popularity of the original edition. The *Celebration Series, 2nd edition* is designed to serve the needs of all teachers and students, as well as pianists who play solely for their own enjoyment. Once a student has completed an entry level method or course, he or she will be ready for the Introductory Album of the *Celebration Series, 2nd edition*.

The albums in the series are graded from early intermediate (Albums 1 to 3) through intermediate (Albums 4 to 8) to advanced and concert repertoire (Albums 9 and 10). Each volume of repertoire comprises a carefully selected and edited grouping of pieces from the Baroque, Classical, Romantic, and 20th-century style periods. Studies Albums present compositions especially suited for building technique as well as musicality. Student Guides and recordings are available to assist in the study and enjoyment of the music.

A Note on Editing

Most Baroque and early Classical composers wrote few dynamics, articulation, or other performance indications in their scores. Interpretation was left up to the performer, with the expectation that the performance practice was understood. In this edition, therefore, most of the dynamics and tempo indications in the Baroque and early Classical pieces have been added by the editors. These editorial markings, including fingering and the execution of ornaments, are intended to be helpful rather than definitive.

By the late 18th century, composers for the piano included more performance indications in their scores, a trend which became standard in the 19th century. In late Classical and Romantic compositions, as well as in the music of our own time, therefore, the performer is able to rely on the composers' own markings to a greater extent.

A Note on Performance Practice

The keyboard instruments of the 17th and early to mid-18th centuries lacked the sustaining power of the modern piano. Consequently, the usual keyboard touch was detached rather than legato. The pianist should assume that a lightly articulated touch is appropriate for Baroque and early Classical music, unless a different approach is indicated either in the music or in a footnote. Slurs are used to indicate legato notes or short phrases.

Le grande popularité de l'édition originale du "Celebration Series" est le point de départ de cette 2ème édition mise à jour et améliorée. Le "Celebration Series" 2ème édition à été conçu non seulement pour les professeurs et leurs élèves mais aussi ceux qui jouent du piano pour leur propre plaisir. Dès qu'un élève a terminé un cours ou une méthode de base, il est prêt pour l'album d'introduction du "Celebration Series" 2ème édition.

Les albums de cette série sont gradués du niveau intermédiaire de base (albums 1 à 3) au niveau intermédiaire (albums 4 à 8) puis au niveau avancé (albums 9 et 10). Chaque album inclus un groupe de pièces de style baroque, classique, romantique et 20ème siècle, soigneusement choisies et éditées. Les albums d'études offrent des pièces spécialement choisies pour développer la technique aussi bien que la musicalité. Des guides d'étude et les enregistrements sont disponibles pour faciliter l'étude et l'appréciation des pièces.

Note au sujet de l'édition

La plupart des compositeurs baroques et classiques ne notaient ni nuances ni articulations dans leurs partitions. L'interprète était libre de jouer comme il l'entendait en basant bien sûr son interprétation sur la norme de son époque. Dans cette édition la majeure partie des nuances et articulations trouvées dans les pièces baroques et classiques ont été ajoutées par les éditeurs. Ces additions, incluant doigtés et ornementation, sont fournies à titre indicatif seulement.

A partir de la fin du 18ème siècle les compositeurs commencerent à inclure de plus en plus d'indications dans leurs partitions. L'interprète de musique de la fin du classique jusqu'à nos jours peut donc beaucoup plus faire appel aux indications du compositeur.

Note au sujet de l'exécution

Les claviers du 17ème et début du 18ème siècles n'avaient pas le ton soutenu d'un piano moderne. Conséquemment l'articulation était surtout détaché plutôt que legato. Le pianiste devrait donc approcher la musique baroque et début du classique avec une légère articulation à moins qu'une approche différente ne soit indiquée dans la partition ou par une note de l'éditeur. Le legato et de courtes phrases sont indiqués par des liaisons.

Piano Studies Album 9 & 10
TABLE OF CONTENTS

12 Studies

STUDY NO. 1 / ÉTUDE N° 1

Song without Words / Chant sans paroles
Op. 102, No. 3

Grade 9

Felix Mendelssohn
1809-1847

STUDY NO. 2 / ÉTUDE Nº 2
Op. 91, No. 6

Grade 9

Moritz Moszkowski
1854-1925

Allegro ma non troppo ♩. = 120-138

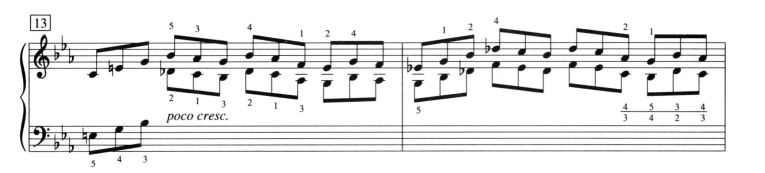

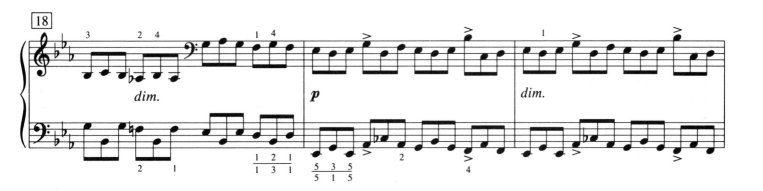

STUDY NO. 3 / ÉTUDE Nº 3
Lesson / Leçon
HWV 496

Grade 9

George Frideric Handel
1685-1759

Most eighth notes may be played detached. / On peut détacher la plupart des croches.

STUDY NO. 4 / ÉTUDE N° 4
Song without Words / Chant sans paroles
Op. 85, No. 1

Grade 9

Felix Mendelssohn
1809-1847

(a) The composer's suggestion is that the last sixteenth note of the left-hand triplet should coincide with the last sixteenth in the group of four in the right hand. / Le compositeur suggère que la dernière double-croche du triolet de la m.g. devrait coïncider avec la dernière double-croche du groupe de quatre notes de la m.d.

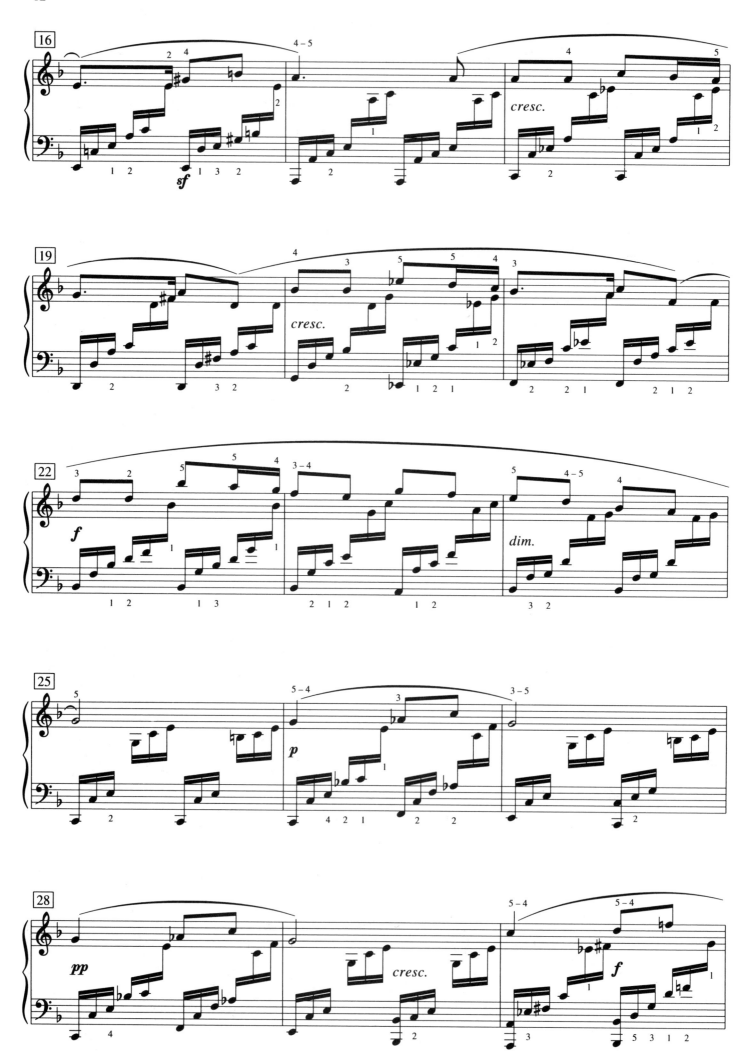

STUDY NO. 5 / ÉTUDE N° 5
Dance of the Gnomes / Danse des lutins
Op. 39, No. 6

Grade 9

Edward MacDowell
(1860-1908)

STUDY NO. 6 / ÉTUDE N° 6
Prelude / Prélude

Grade 9

George Frideric Handel
1685-1759

Source: *Suite No. 3 in D minor,* HWV 428 (1720) / *Suite n° 3 en ré mineur,* HWV 428 (1720)

* The metronome indication is only an approximate guide, as this piece should not be performed in a strict tempo. / L'indication de métronome n'est qu'un guide approximatif puisque cette pièce ne doit pas être jouée avec un tempo rigoureux.

STUDY NO. 7 / ÉTUDE Nº 7
Op. 47, No. 24

Grade 9

Stephen Heller
1813-1885

Allegretto con moto ♩ = 56-66

STUDY NO. 8 / ÉTUDE N° 8
Scherzo
Op. 19, No. 2

Grade 9

Niels Gade
1817-1890

Source: *Aquarelles,* op. 19 (1850)

STUDY NO. 9 / ÉTUDE N° 9
Shadow Dance / Danse des ombres
Op. 39, No. 8

Grade 9

Edward MacDowell
1860-1908

STUDY NO. 10 / ÉTUDE Nº 10
Bagatelle
Op. 6, No. 2

Grade 9

Béla Bartók
1881-1945

Source: *14 Bagatelles*, Op. 6 (1908)

© Copyright 1909 Rozsnyai Károly, Budapest. Copyright assigned 1950 to Editio Musica Budapest. Used by permission.

STUDY NO. 11 / ÉTUDE Nº 11
Op. 91, No. 5

Grade 9

Moritz Moszkowski
1854-1925

Animato ♩ = 108-120

con allegrezza

STUDY NO. 12 / ÉTUDE N° 12
Prelude for the Left Hand / Prélude pour la main gauche
Op. 9, No. 1

Grade 9

Alexander Scriabin
1872-1915

N.B.: This study must be played with the left hand alone. / On jouera cette étude avec la main gauche seulement.

STUDY NO. 13 / ÉTUDE Nº 13

Arabesque
Op. 39, No. 4

Grade 9

Edward MacDowell
1860-1908

STUDY NO. 14 / ÉTUDE Nº 14
Op. 91, No. 20

Grade 9

Moritz Moszkowski
1854-1925

Allegro moderato ♩ = 56-60

STUDY NO. 1 / ÉTUDE Nº 1

Song without Words / Chant sans paroles
Op. 30, No. 5

Grade 10

Felix Mendelssohn
1809-1847

Andante grazioso ♪ = 80-92
il basso sempre piano e leggierissimo

40

* In most editions this note is A; the editors have followed the Klindworth edition, which uses D. / Dans la plupart des éditions, cette note est la; les réviseurs ont suivi l'édition Klindworth qui utilise le ré.

STUDY NO. 2 / ÉTUDE Nº 2
Op. 81, No. 10

Grade 10

Stephen Heller
1813-1885

Allegro leggiero ♩ = 108-116

(4)

STUDY NO. 3 / ÉTUDE No 3
A Trifle / Un petit-rien
Op. 2, No. 12

Grade 10

Anatoli Lyadov
1855-1914

Source: *Trifles*, Op. 2

STUDY NO. 4 / ÉTUDE Nº 4

Op. 67, No. 5

Grade 10

Allegro vivace ♩ = 126-132

Albert Loeschhorn
1819-1905

Source: *Progressive Studies,* Op. 67

STUDY NO. 5 / ÉTUDE N° 5
Passacaglia / Passacaille

Grade 10

George Frideric Handel
1685-1759

Source: *Suite No. 7 in G minor*, HWV 432 (1720) / *Suite n° 7 en sol mineur*, HWV 432 (1720)

STUDY NO. 6 / ÉTUDE N° 6

Trois nouvelles études, n° 3

Grade 10

Frédéric Chopin
1810-1849

Allegretto ♩ = 66-72

STUDY NO. 7 / ÉTUDE Nº 7
Hungarian / Hongroise
Op. 39, No. 12

Grade 10

Edward MacDowell
1860-1908

Presto con fuoco ♩ = 120-138

sempre staccato

STUDY NO. 8 / ÉTUDE Nº 8
Song without Words / Chant sans paroles
Op. 102, No. 4

Grade 10

Felix Mendelssohn
1809-1847

Un poco agitato ma Andante ♩ = 60-69

STUDY NO. 9 / ÉTUDE Nº 9
Prelude for the Left Hand / Prélude pour la main gauche
Op. 135, No. 1

Grade 10

Camille Saint-Saëns
1835-1921

N.B.: This study must be played with the left hand alone. / On jouera cette étude avec la main gauche seulement.

STUDY NO. 10 / ÉTUDE Nº 10
Op. 72, No. 4

Grade 10

Moritz Moszkowski
1854-1925

Allegro moderato ♩ = 60-69

STUDY NO. 11 / ETUDE Nº 11

Op. 2, No. 1

Grade 10

Alexander Scriabin
1872-1915

Andante ♩ = 50-56

con pedale

STUDY NO. 12 / ÉTUDE Nº 12

Étude-Tableau
Op. 33, No. 8

Grade 10

Sergei Rachmaninoff
1873-1943

Source: *Études-Tableaux, Op. 33*

STUDY NO. 13 / ÉTUDE Nº 13
Study in Rhythm / Étude de rythme
Op. 52, No. 4

Grade 10

Camille Saint-Saëns
1835-1921

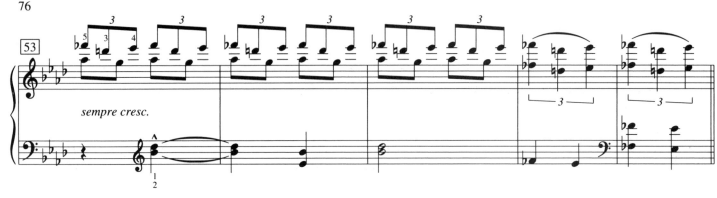

Tempo I

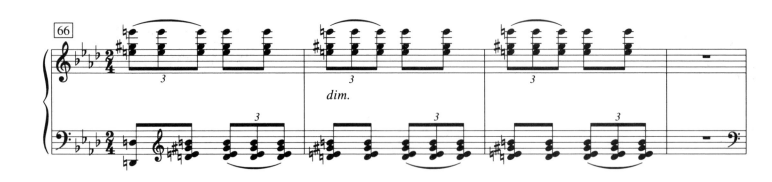

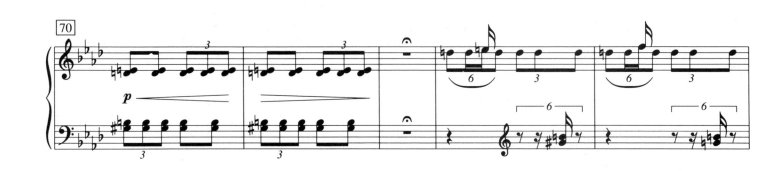

STUDY NO. 14 / ÉTUDE N° 14

Bagatelle
Op. 6, No. 5

Grade 10

Béla Bartók
1881-1945

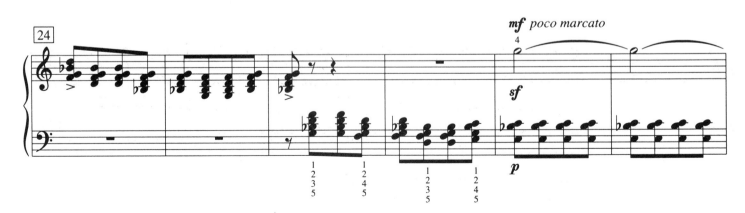